LOS INMIGRANTES DE ESTADOS UNIDOS

Escrito por LINDA THOMPSON

Rourke
Educational Media

rourkeeducationalmedia.com

Scan for Related Titles
and Teacher Resources

www.rourkeeducationalmedia.com

PHOTO CREDITS: Cover, Title Page, Page 4, 6, 7, 8, 9, 10, 12, 13, 14, 15, 16, 17, 18, 20, 22, 23, 24, 25, 28, 29, 30, 31, 32, 33, 34, 35, 36, 38, 40, 41, 42, 43 : © Library of Congress; Page 13: © Fernando Regalado; Page 21: © Wikipedia, rudi wambach; Page 26: © Ron Chapple; Page 27: © Patrick Poendl; Page 37: © U.S. Department of Agriculture; Page 42, 43: © Wikipedia

Edited by Precious McKenzie

Cover design by Nicola Stratford, bdpublishing.com

Interior layout by Tara Raymo

Translation and composition for the Spanish version by Cambridge BrickHouse, Inc.

Thompson, Linda
Los inmigrantes de Estados Unidos / Linda Thompson.
ISBN 9781621697152 (soft cover - Spanish)
ISBN 9781621699989 (e-Book - Spanish)

También disponible en

Rourke Educational Media
Printed in the United States of America,
North Mankato, Minnesota

Rourke

rourkeeducationalmedia.com

customerservice@rourkeeducationalmedia.com • PO Box 643328 Vero Beach, Florida 32964

CONTENIDO

Capítulo 1:
ESTADOS UNIDOS:
UN CRISOL DE CULTURAS

Todas las personas en Estados Unidos son inmigrantes o descendientes de inmigrantes. Esto es válido también para los nativos americanos, cuyos antepasados cruzaron hace más de 100 siglos por un puente terrestre que existía entre Asia y el estado actual de Alaska. Peregrinos de Inglaterra, conquistadores de España, **misioneros** de Francia, colonos holandeses y los esclavos que trajeron de África, todos llegaron a Estados Unidos desde el extanjero. Entre 1776 y 1853, Estados Unidos creció de un grupo

Los antepasados de los nativos americanos cruzaron por un puente de tierra que había desde Rusia hasta Alaska, hace unos 15,000 años.

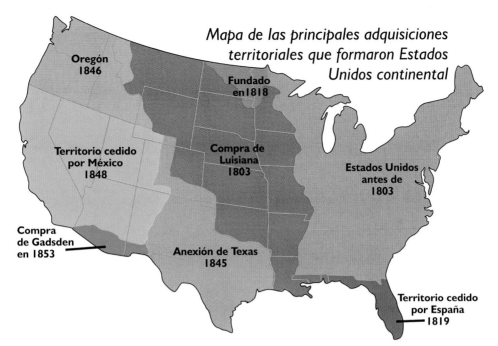

Mapa de las principales adquisiciones territoriales que formaron Estados Unidos continental

Oregón 1846

Fundado en 1818

Territorio cedido por México 1848

Compra de Luisiana 1803

Estados Unidos antes de 1803

Compra de Gadsden en 1853

Anexión de Texas 1845

Territorio cedido por España 1819

de 13 pequeñas colonias, a los 48 estados que abarcan América del Norte. A medida que se extendía, millones de personas de todas partes del mundo iban llegando a este inmenso país. Llegó gente de todas las razas y religiones, que hablaban cientos de idiomas y traían su mano de obra y sus destrezas para ayudar en el desarrollo de una civilización. Construyeron ferrocarriles, canales, puentes, alcantarillas, puertos y metros. Fueron los **granjeros arrendatarios** que produjeron el alimento para una creciente nación —haciéndose, muchos de ellos, de sus propias granjas. Trabajaron en fábricas, cosiendo ropa y fabricando maquinarias. Los niños que nacían en Estados Unidos eran ciudadanos al nacer, pero sus padres inmigrantes aprendieron inglés y estudiaron mucho para hacerse ciudadanos. Y miles de inmigrantes lucharon con orgullo en las guerras en defensa de su patria adoptiva.

Antes de 1820, aun con la inmigración, la población de EE. UU. era bastante **homogénea**. En 1790 se hizo un censo que indicó que 8 de cada 10 norteamericanos —sin contar a los nativos o a los esclavos africanos del Sur— tenían antepasados ingleses o escoceses. El otro 20% de los estadounidenses blancos eran principalmente alemanes u holandeses. El 98% de esta población era protestante, un importante indicio acerca de sus valores en general y de sus incipientes actitudes hacia las oleadas de personas que llegaron posteriormente.

Después de la Guerra de Independencia, la primera marea de inmigrantes llegó a Estados Unidos entre 1820 y 1860. Casi toda esta gente vino de Irlanda, Inglaterra, Alemania, Suecia, Noruega y Dinamarca. Estos son países vecinos en Europa, y la influencia de estas personas no cambió al pueblo estadounidense. Este siguió siendo anglo y protestante —aunque muchos irlandeses y alemanes eran católicos.

Los primeros colonos dejan Inglaterra con la esperanza de hallar nuevas oportunidades en Norteamérica.

En esta época, la empresa de Estados Unidos de construir cientos de millas de caminos y canales, y miles de millas de ferrocarriles había creado una urgente demanda de obreros. La inmigración aumentó

El ferrocarril transcontinental fue construido por las manos de los inmigrantes europeos y chinos desde 1863 hasta 1869.

de aproximadamente 129,000 personas en la década de 1820 a 2,814,554 en la de 1850 —más de 20 veces. La población de EE. UU. creció de 23.2 millones en 1850 a 31.5 millones en 1860, y el 30% eran inmigrantes. Casi la mitad de los que llegaron en las décadas de 1840 y 1850 eran irlandeses, y más de la cuarta parte eran alemanes.

Obreros colocando los primeros rieles de un nuevo ferrocarril

Los inmigrantes por lo general pasaban su largo viaje por mar en una bodega oscura.

La nacionalidad de los inmigrantes cambió radicalmente entre 1880 y 1890. A finales del siglo XIX y prinicipios del XX, la mayoría de los inmigrantes venían de Italia, Rusia, España, Polonia, Austria-Hungría y los países balcánicos como Grecia, Rumania y Yugoslavia. Este cambio se debía, en parte, a la introducción de los barcos de vapor. Por lo general, los inmigrantes viajaban en el compartimento de carga, o bodega, de un barco que distribuía mercancías. Cuando se usaban barcos de vela, solo las naciones del norte y del oeste de Europa tenían relaciones comerciales a gran escala con Estados Unidos. Estos barcos llevaban a Europa productos agrícolas voluminosos y regresaban con cargas más pequeñas de productos manufacturados, así que había espacio extra para pasajeros en la bodega.

LAS HORRIBLES CONDICIONES A BORDO

Los primeros inmigrantes debían traer su propia comida, y algunos morían de hambre o ya habían fallecido cuando el barco llegaba a Estados Unidos. Cada uno dormía en una litera de unos 3 pies (0.9 m) de ancho por 6 pies (1.83 m) de largo, apiñados, con solo 2 pies (0.61 m) entre estas. La poca ventilación y el agua contaminada causaban muertes y enfermedades. En 1847, como 40,000, el 20% de los que salieron, murieron durante el viaje.

Cuando los barcos de vapor eran algo común, los viajes entre Europa y Estados Unidos duraban solo 10 días, en lugar de los 30 a 90 días que duraban estos en barcos de vela. Ahora se podían usar barcos exclusivamente para transportar pasajeros, y el bajo costo del pasaje estaba al alcance de los campesinos de las regiones más pobres de Europa. En 1882, el 87% de los inmigrantes a Estados Unidos venían del norte y del oeste de Europa. Solo 25 años después, en 1907, el 81% venían del este y del sur de Europa.

A comienzos del siglo XX, los barcos de vapor habían reemplazado a los barcos de vela para los viajes oceánicos.

La década de mayor inmigración fue la de 1900 a 1910. Durante este período llegaron más de seis millones de italianos, rusos, judíos, húngaros y gente del este y del sur de Europa, más del 70% de todos los inmigrantes. Los norteamericanos recelaban de los recién llegados, que no hablaban su misma lengua ni tenían su mismo color de piel, costumbres y religión. Algunos ciudadanos empezaron a insistirles a sus representantes para que el gobierno limitara la inmigración. Pero los extranjeros siguieron llegando en crecientes y sucesivas oleadas hasta 1924, cuando se aprobó una ley estricta que, efectivamente, detuvo la inmigración procedente de Europa meridional y oriental.

En la década de 1780, un inmigrante francés, J. Hector St. Jean de Crevecoeur, propuso que Estados Unidos debía convertirse en un "crisol de culturas" *(melting pot)*. Afirmaba que los "individuos de todas las naciones se mezclan y esto resulta en una nueva raza de hombre", que sería "una combinación de inglés, escocés, irlandés, francés, holandés, alemán y sueco". Este nuevo hombre se olvidaría de todos los prejuicios y tradiciones, y sería abierto a nuevos modos de pensar y de comportarse hacia los demás.

En 1908, un dramaturgo inglés, Israel Zangwill, amplió las ideas de Crevecoeur al incluir la nueva oleada de inmigrantes del Medio Oriente y del Mediterráneo. Por todo el país se hablaba de la obra teatral de Zangwill, *The Melting Pot*. Proponía la posibilidad de la armonía entre los distintos pueblos que llegaban a Estados Unidos. Estos crearían no solo una "nueva raza" (por los **matrimonios mixtos**), sino también una nueva cultura, al combinar varias costumbres en una. A principios del siglo XX, semejante concepto parecía realmente posible.

Desde 1886, muchos inmigrantes que llegaban a Estados Unidos eran recibidos por la Estatua de la Libertad en el puerto de Nueva York.

Capítulo 2:
ANTES DE LA GUERRA DE INDEPENDENCIA

Una de las formas más tempranas de inmigración fue particular de Estados Unidos, y ocurrió bastante antes de la Guerra de Independencia. Los colonos holandeses trajeron los primeros esclavos africanos —el único grupo de inmigrantes obligados a venir— a Norteamérica, en 1619. Para 1770, había en las colonias una población de 1,600,000, de la que el 21% era de raza negra. La mayoría de los esclavos africanos vivían en el Sur Profundo (Georgia, Alabama, Mississippi, Luisiana y el sureste de Texas). Esta región era la más adecuada para cultivar el algodón, y el trabajo de esclavos era la manera más redituable para cultivar grandes cosechas como las de algodón y de azúcar.

En los primeros días de los Estados Unidos, incluso los padres fundadores poseían esclavos. George Washingon usó mano de obra esclava para la cosecha de granos en Mt. Vernon.

LIBERIA

Tras la Guerra de Independencia, a los afroamericanos no les dieron todos los derechos de ciudadanos. Algunos norteamericanos les aconsejaban a los africanos libres que regresaran a África. Así fue como se creó la República Independiente de Liberia, en 1847. Hasta el presidente Abraham Lincoln le dijo al primer grupo de africanos libres que visitó la Casa Blanca, en 1862, que deberían retornar a África. Con el tiempo, más de 11,000 afroamericanos se establecieron en Liberia.

Beverly. Page Yates (1811–1883), vicepresidente de Liberia de 1855 a 1859

También en 1619, se trajeron a Virginia africanos que trabajaban como **sirvientes atados por contrato**, y a quienes después se les daba su libertad. Para 1700, unos 60,000 africanos libres vivían en las colonias del Sur y en las del Norte. Estos africanos se encontraban en las mismas condiciones que la mayoría de los inmigrantes blancos pobres, que también vinieron como sirvientes atados por contrato. No obstante su color, los sirvientes solían trabajar sin sueldo por cierto número de años. Así le reembolsaban al colono adinerado el pasaje que este había pagado previamente por ellos.

Para trasladarse a nuevos asentamientos de Estados Unidos, los inmigrantes viajaban en carretas cubiertas.

Más de 25 millones de norteamericanos son descendientes de inmigrantes alemanes. Aunque la nación de Alemania no se formó hasta 1871, gente de estados **germánicos** vinieron al Nuevo Mundo en varias oleadas. Por lo regular, la razón era la inestabilidad política en sus tierras. Para 1745, solo en Pennsylvania vivían casi 45,000 alemanes y sus descendientes. También solían establecerse en regiones fronterizas como el valle Mohawk, de Nueva York, donde los nativos norteamericanos solían atacarlos.

Estos inmigrantes establecieron "*germantowns*" (pueblos alemanes) en Filadelfia y otras partes de Pensilvania en el siglo XVII. Se llegaron a conocer como los "*Pennsylvania Dutch*" (holandeses de Pensilvania) aunque no eran de Holanda. Se les quedó el nombre debido a la pronunciación incorrecta de "*deutsche*", que es la palabra alemana para "*alemán*".

Los colonos alemanes se hicieron famosos por sus trabajos de vidrio, la fabricación de papel, sus herramientas, su cerveza y por sus empresas editoriales. Crearon la carreta Conestoga, que jugó un papel clave en la colonización del Oeste. Los alemanes solían inmigrar en grupos, estableciendo comunidades como Frankfort, Kentucky y Fredericksburg, en Texas. A diferencia de otros grupos, mantuvieron su cultura y su idioma en estas comunidades, y se sintieron menos presionados a adoptar las costumbres y el idioma inglés.

Los escandinavos se encaminaron hacia el oeste, a Minnesota, Illinois, Nebraska, Iowa, Dakota del Norte y Dakota del Sur. Muchas familias se mudaron en una segunda fase al Noroeste Pacífico. Eran en su mayoría granjeros, que buscaban empleo en granjas y en minas de comunidades rurales.

Los escandinavos ayudaron a establecer áreas poco pobladas de los Estados Unidos.

LA SEGUNDA OLEADA EUROPEA

Los irlandeses llegaron a Estados Unidos en la década de 1820. Como la mayoría de los inmigrantes a Norteamérica, provenían del campo. Aunque eran libres en Gran Bretaña, en cierta forma vivían como si fueran esclavos.

Mujeres irlandesas afuera de una casita de piedra en Irlanda

Los terratenientes británicos les habían quitado la mayor parte de sus terrenos, y luego los empleaban como peones. En Gran Bretaña no tenían esperanzas de salir adelante.

Muchos irlandeses llegaron a los Estados Unidos porque en su país padecían de hambre, desempleo y discriminación.

A partir de la década de 1830, una serie de pérdidas de cosechas causó un sufrimiento extremo en Irlanda. Entre 1845 y 1855, un hongo destruyó las cosechas de papa —el principal alimento de los irlandeses. El hambre y las enfermedades ocasionaron la muerte de más de un millón de personas. Además, desalojaron a más de medio millón de gente de sus casas por bancarrota. En esta época, zarparon más de un millón y medio de irlandeses hacia Estados Unidos.

La mayoría se estableció en el noreste de Estados Unidos. Mientras los hombres trabajaban en la construcción, las mujeres solían trabajar de sirvientas. Casi todos los irlandeses habitaban en las ciudades, por lo que estas crecieron dramáticamente durante esta etapa. El aumento de la población no se debió solo a los inmigrantes. También crecieron las tasas de natalidad y de supervivencia. En 1900, seis ciudades de Estados Unidos —Nueva York, Chicago, Filadelfia, San Luis, Boston y Baltimore— tenían más de medio millón de residentes.

De 1820 a 1880, los irlandeses conformaban más de un tercio de todos los inmigrantes en Estados Unidos.

Inmigrantes judíos, Nueva York

Entre los inmigrantes alemanes del siglo XIX había muchos judíos. Gente de la fe hebrea también llegó de Rusia, Polonia y otras naciones del este de Europa. Vinieron para eludir la persecución religiosa y salir adelante. Los judíos habían vivido fuera de lo que ellos consideraban sus tierras, Palestina, por siglos. Después de la Segunda Guerra Mundial, la organización de las Naciones Unidas creó Israel para que los judíos pudieran regresar a sus tierras. Durante los siglos anteriores, las familias judías habían vivido en todas partes del mundo.

En esta caricatura que representa la opresión de los judíos en Rusia, Theodore Roosevelt habla al emperador de Rusia, Nicolás II.

Cuando empezó la Guerra de Independencia, habían llegado unos 2,000 judíos a las colonias. Eran principalmente judíos sefarditas que habían huido de España a finales del siglo XV, y se habían establecido en Portugal, Holanda e Inglaterra. Poco después, empezaron a llegar judíos alemanes. Para 1850, había cerca de 30,000 judíos en Estados Unidos.

Una oleada inmensa de judíos del este de Europa empezó a llegar en la década de 1880. Rusia se había apoderado de áreas judías desde un siglo antes y había controlado drásticamente la vida y las prácticas religiosas de los judíos. Habían sufrido malos tratos y hasta matanzas. Entre 1880 y 1920, dos millones de personas salieron para Estados Unidos, huyendo de esta persecución.

Como estos inmigrantes eran menos educados y de menores ingresos que los de la primera oleada de judíos, los norteamericanos los despreciaban. Estos sentimientos de **antisemitismo** alcanzaron también a los judíos alemanes y sefarditas. Al llegar inmigrantes nuevos a Nueva York y a otras ciudades, los primeros grupos se mudaron a mejores barrios. Las áreas más pobres, como el "Lower East Side" de la ciudad de Nueva York, se llenó de gente —más de 700 personas por acre en el caso de la ciudad de Nueva York. Estos barrios se convirtieron en barrios bajos.

A diferencia de los irlandeses y los italianos, los judíos no fueron sirvientes. Llegaron justo cuando la industria de confección de ropa se estaba desarrollando. Este desarrollo permitió que todas las personas pudieran vestir ropa nueva —y no de segunda mano— a precios económicos. Había 241 fábricas de ropa en la ciudad de Nueva York, en 1885. Los dueños, judíos alemanes, contrataban a los judíos del este de Europa para la costura y venta de ropa.

Por su interés en la educación, los judíos avanzaron rápidamente en profesiones y campos como la industria manufacturera, la banca, las artes y el entretenimiento. A pesar de los muchos obstáculos que enfrentaron, millones de judíos lograron el sueño dorado de pasar "de la pobreza a la fortuna", que todo inmigrante anhelaba al llegar a Norteamérica.

Otra gran oleada de

Albert Einstein (1879-1955) emigró a Estados Unidos en 1933, y se convirtió en ciudadano estadounidense en 1940.

INMIGRANTES FAMOSOS

Millones de inmigrantes hicieron contribuciones valiosas en todos los campos. Por ejemplo: Albert Einstein (alemán), científico, Premio Nobel, llegó en 1933; Irving Berlin (ruso), compositor de Broadway, llegó en 1893; Frank Capra (italiano), premiado director de cine, llegó en 1903; Felix Frankfurter (austríaco), juez de la Corte Suprema, llegó en 1894; Knute Rockne (noruego), entrenador de fútbol americano, llegó en 1893; Maureen O'Hara (irlandesa), actriz premiada, llegó en 1939.

Irving Berlin (1888–1989)

inmigrantes llegó a finales del siglo XIX, esta vez desde Italia. Solo unos 26,000 italianos habían venido a Estados Unidos antes de 1870, y casi todos eran italianos norteños. Muchos eran comerciantes de frutas en los estados del este o ayudaron a establecer la industria del vino en California. Pero durante la década de 1880, los italianos sureños empezaron a llegar en gran número. Ya en 1900, más de 100,000 italianos del sur de Italia habían pasado por el centro de acogida de inmigrantes en la **Isla Ellis** de Nueva York.

La Italia actual, formada en 1861, es la unión de varias regiones divididas por montañas o por el mar. Las más pobres y menos fértiles están al sur de la nación. La gente del sur iba a la zaga de los otros italianos en educación, y la mayoría no sabía leer ni escribir. Llegaron aquí con la ilusión de ganar dinero y regresar a Italia. Casi el 90% eran hombres. Los que se quedaban en Estados Unidos, se casaban por lo general con alguien de su misma región de Italia.

Muchos inmigrantes italianos se ganaban la vida vendiendo frutas y vegetales frescos en las ciudades, como en el área del mercado italiano de Filadelfia, que todavía funciona hoy.

Trabajadores inmigrantes llegan a Nueva York y viajan rumbo al oeste a trabajar en las minas de carbón. Las compañías de carbón reclutaban a inmigrantes y afroamericanos para trabajar en las minas.

En Estados Unidos encontraban empleo en la recogida de basura, el comercio de trapos, la pesca, la construcción y como limpiabotas. Trabajaron como albañiles, marineros, peluqueros, sastres o zapateros. Las mujeres solían ser amas de casa.

Al llegar a Estados Unidos, muchos inmigrantes firmaban contratos para trabajar en minas o en fábricas. Los inmigrantes italianos, con frecuencia eran explotados por el *padroni* (agente autoproclamado) que se ganaba la vida trayendo trabajadores italianos a Estados Unidos. Los inmigrantes debían reembolsarle los adelantos de salario y préstamos, más intereses, con sus sueldos.

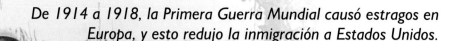

De 1914 a 1918, la Primera Guerra Mundial causó estragos en Europa, y esto redujo la inmigración a Estados Unidos.

La inmigración a Estados Unidos se redujo durante la Guerra Civil (1861-1865). Después aumentó y luego, a mediados de la década de 1890, cayó en picada, por una **crisis económica** en Estados Unidos. Entre 1900 y 1914, llegaban casi un millón de extranjeros por año. La inmigración se suspendió casi por completo durante la Primera Guerra Mundial, y luego se reanudó a partir de 1918, pero resultó más difícil debido a las nuevas restricciones.

LEYES DE INMIGRACIÓN

Estados Unidos tenía una política de "puertas abiertas" pero, poco a poco, se fue haciendo más restrictiva. Las leyes federales promulgadas en 1882 excluían a personas que podrían llegar a ser cargas para el gobierno. Estas incluían a los discapacitados, los enfermos mentales, los convictos o los que eran incapaces de mantenerse. El Congreso estableció límites a la inmigración en 1921 y 1924, e introdujo el concepto de cuotas. La ley de 1924 dio el 82% de las oportunidades de entrada a los inmigrantes del norte y del oeste de Europa, y únicamente el 16% a los del sur y del este de Europa. Estas cuotas permanecieron en vigor hasta 1965.

Capítulo 4

LA LLEGADA A LA ISLA ELLIS

Como era la ciudad portuaria más grande desde la década de 1820, Nueva York recibió a la mayoría de los inmigrantes. Después de 1892, prácticamente todo europeo pasó por la Isla Ellis, el primer centro federal de acogida de inmigrantes. Anteriormente,

De 1855 a 1890, Castle Garden fue el centro oficial de inmigración de Estados Unidos.

la mayoría de los inmigrantes del este había pasado por Castle Garden en la punta sureña de Manhattan. Construido como un fuerte, Castle Garden fue un parque de diversiones, un auditorio de conciertos y en 1885, el centro de acogida de inmigrantes de Nueva York. Nueve millones de inmigrantes pasaron por Castle Garden durante los siguientes 39 años.

Entre 1892 a 1954, más de 12 millones de inmigrantes entraron a Estados Unidos a través de la Isla Ellis.

Los **estafadores** solían aprovecharse de los inmigrantes y les cobraban demasiado por habitaciones en hoteles, boletos de ferrocarril y en casas de cambio. El propósito de Castle Garden era evitar estos abusos. Pero, al salir los inmigrantes del centro, había docenas de estafadores a la espera. Los periódicos empezaron a investigar los reportes de esta explotación. Así que el gobierno federal se decidió a tomar el control de la inmigración en 1890 y construyó un centro de inmigrantes en la Isla Ellis, en la bahía de Nueva York.

La Isla Ellis había sido un sitio para el almacenaje de pólvora. Los antiguos depósitos se convirtieron en dormitorios, se agrandaron, y se dragaron las áreas de aguas poco profundas para que pudieran entrar los barcos grandes. Se agregaron: centro de acogida, hospital, lavandería y planta de utilidades, y la Isla Ellis se abrió el día de Año Nuevo de 1892.

A través de los años, la Isla Ellis se ha ampliado desde sus originales 3.3 acres a 27.5 acres. Hoy en día, es un Monumento Nacional y sede de un museo de inmigración.

BIENVENIDA: ESTATUA DE LA LIBERTAD

La inscripción que aparece en la base de la Estatua de la Libertad dice:
"No como el gigante plateado de fama griega, con extremedidades de conquistador extendidas de tierra a tierra; aquí, al atardecer, en nuestras puertas bañadas por el mar, estará de pie una poderosa mujer con una antorcha, cuya llama es la luz de los prisioneros y cuyo nombre es Madre de los Exiliados. Su mano, cual faro, resplandece para darle la bienvenida al mundo entero; sus dóciles ojos comandan la bahía ventosa enmarcada por ciudades gemelas. 'Tierras de antaño, ¡quédense con sus historias pomposas!', exclama ella con sus labios silenciosos. 'Dadme a los extenuados y a los pobres, tus masas amontonadas que gimen por respirar en libertad, los despreciados de tus congestionadas costas. Enviadme a estos, los desposeídos, basura de la tempestad. ¡Alzo mi antorcha junto a la puerta dorada!'"

"El nuevo Coloso", escrito en 1883 por Emma Lazarus (1849-1887), hija de inmigrantes españoles y judíos.

La Estatua de la Libertad

27

De los cientos de inmigrantes que esperaban a bordo de tres grandes barcos en la bahía, una joven de 15 años llamada Annie Moore, fue elegida como la primera inmigrante que pasaría por el nuevo centro. Al ser registrada, recibió una moneda de oro de diez dólares —más dinero del que había visto junto en toda su vida. Ese año pasaron por la Isla Ellis 445,897 inmigrantes. Entraban en fila a un gran salón, y avanzaban poco a poco por un laberinto de pasillos hasta que llegaban al escritorio de registro. Si no pasaban la inspección, los encerraban en corrales de alambre.

Mientras estuvo operando, más de 12 millones de inmigrantes pasaron por la Isla Ellis. En 1907, llegaron más de un millón. Estas grandes oleadas de inmigrantes, resultaron en una reacción negativa llamada "backlash", en inglés, en las ciudades estadounidenses. Ellos presionaron al gobierno para que limitara la inmigración. Algunos creían que estos recién llegados podrían abrazar ideas radicales como el socialismo, o causar disturbios laborales.

A los inmigrantes que llegaban a la Isla Ellis se les hacían varias preguntas, como su nombre, ocupación y cantidad de dinero que llevaban.

En 1921 se ratificó la primera de varias leyes de cuota. El gobierno empezó a exigir que las empresas de barcos de vapor calificaran a los inmigrantes a bordo de sus barcos. Los dueños de barcos debían reunir información, incluyendo: nombre, edad, género, estado civil, oficio, nacionalidad, última residencia, destino de cada persona, y si sabía leer y escribir. También había

Theodore Roosevelt (1858–1919)

preguntas sobre la salud, las finanzas y si había estado en la cárcel o en un **asilo de pobres**.

Sin embargo, estos controles aumentaron la corrupción y, en 1901, se armó el escándalo. Algunos inspectores de inmigración habían vendido papeles de ciudadanía, permitiendo que esos inmigrantes no pasaran por las líneas. El presidente Theodore Roosevelt hizo una visita sorpresiva a la isla en septiembre de 1903, y descubrió que una mujer y cuatro niños habían estado encerrados por cuatro meses, y ordenó que los liberaran inmediatamente.

Los inmigrantes permanecen de dos a cinco horas en la Isla de Ellis, en espera de ser procesados.

Aunque había intérpretes, la prisa de procesar a miles de personas por día, con frecuencia dejaba poco tiempo para interpretar. Los funcionarios que no entendían o no podían escribir los nombres de los inmigrantes, apuntaban lo que se les ocurría. A veces, por ser tantos, pasaban días antes de que los pasajeros de tercera clase pudieran desembarcar. Un inmigrante holandés escribió: "Nos trajeron de aquí para allá, nos trataron y nos maltrataron, nos patearon y nos desgarraron de forma tal, que ningún granjero permitiría que se tratara así a su ganado".

Los inmigrantes pasaron por la Isla Ellis hasta 1954 cuando se cerró por la disminución de inmigrantes. Durante la Segunda Guerra Mundial, esta se convirtió en un centro de detención para extranjeros con nacionalidad de los enemigos de EE. UU.: alemanes, japoneses, italianos, húngaros, búlgaros y rumanos. Las construcciones se deterioraron hasta 1965, cuando la Isla Ellis fue incorporada al Monumento Nacional de la Estatua de la Libertad.

UN RECONOCIMIENTO GENERAL

   Antes de 1911, los inmigrantes debían subir unas escaleras muy largas, y los médicos los observaban para determinar si había señales de cojera u otros problemas físicos. Si se sospechaba enfermedad o deformidad, los médicos lo anotaban. Fueron señalados, para más revisión, del 15 al 20% de los inmigrantes. Un mensaje humillante era el **tracoma**, una enfermedad que provoca la ceguera. Los médicos levantaban los párpados de los inmigrantes con un abotonador o con los dedos. A cualquier persona, hasta un niño, que tuviera síntomas la tracoma, la rechazaban y la regresaban a su patria, mientras que al resto de la familia le permitían la entrada al país.

A muchos de los inmigrantes enfermos se les atendía en el hospital de la Isla Ellis.

Capítulo 5:

RECIÉN LLEGADOS DEL OESTE Y DEL SUR

Hoy en día, el barrio chino de San Francisco es la comunidad más grande de chinos fuera de Asia.

Durante el siglo XIX, inmigrantes de Asia empezaron a llegar al Nuevo Mundo. En 1880, había 75,000 inmigrantes chinos —casi todos hombres— en California. Vinieron a trabajar en las minas de oro y, en la década de 1860, a construir el ferrocarril transcontinental. Trabajaron como campesinos, como sirvientes domésticos en las ciudades, y como cocineros y trabajadores, en lavanderías en los pueblos mineros. Muchos de ellos también trabajaron en restaurantes y tiendas de abarrotes. Aproximadamente la mitad regresó a China.

Los chinos recibieron muy malos tratos a manos de los norteamericanos. Los obreros de otras razas se alarmaban ante esta gran fuente de mano de obra barata. Los "blancos" solían atacar a los chinos y les quemaban sus casas, matando a los ocupantes. La Ley de la Exclusión China se aprobó en 1882 para acabar con la inmigración de chinos. Otras leyes les prohibían la ciudadanía a los chinos en Estados Unidos.

A principios de la década de 1890, los cultivadores de caña de azúcar y otras cosechas, empezaron a traer un aluvión de miles de obreros japoneses a Hawai. Después de que Hawai se anexó a Estados Unidos en 1898, se les permitió a los obreros japoneses migrar a Estados Unidos. Llegaron más de 100,000 entre 1900 y 1910. Al igual que los chinos, los japoneses tenían intenciones de regresar a Japón, y miles lo hicieron. Los que se quedaron ahorraron sus centavos y compraron pequeñas granjas.

La isla Ángel, en la bahía de San Francisco

ISLA ÁNGEL

Entre 1910 y 1940, la mayoría de los inmigrantes que llegaba a la costa occidental iba a la isla Ángel, en la bahía de San Francisco. Entre ellos, había de Australia y Nueva Zelanda, Canadá, México, Centroamérica, Sudamérica, Rusia y, en particular, de Asia.

Los norteamericanos basaron sus actitudes hacia los japoneses en los prejuicios que tenían en contra de los chinos, y con frecuencia se referían a los dos grupos como "el peligro amarillo". El presidente Theodore Roosevelt hizo un arreglo con Japón, el "Acuerdo entre Caballeros" en 1908, que le dio a Japón la responsabilidad de prohibirle la entrada a Estados Unidos a su gente. Aún podían entrar por México o Hawai, pero el prejuicio en las ciudades estadounidenses les hacía la vida muy difícil.

California aprobó la Ley Sobre la Tierra y los Inmigrantes, una ley que prohibía la propiedad de la tierra a los chinos y japoneses, porque no podían ser ciudadanos. Los nacidos en Estados Unidos podían poseer propiedad, aunque otra ley en 1920 intentó prevenir que los nipoamericanos fueran terratenientes. Con el tiempo se declaró ilegal, debido a las

Debido a que se prohibió la inmigración japonesa, por varias décadas todos los niños de origen japonés nacían en EE. UU.

LA NOVIA EN LA FOTO

El "Acuerdo entre Caballeros" con Japón permitió que los hombres japoneses en Estados Unidos mandaran por sus esposas, y los padres por sus hijos. En 1900 había 24 hombres japoneses por cada mujer japonesa, pero después de 1910, la proporción se rebajó a 7 por 1. Algunos hombres se casaron con novias que elegieron sus padres. Les mandaban su fotografía, y si aceptaban a "la novia en la foto", se casaban por **poder** en Japón, y luego ella podía venir a Estados Unidos.

protecciones de la Constitución.

Otros asiáticos también comenzaron a inmigrar en la década de 1890. Igual que los japoneses, los filipinos entraron a Estados Unidos por Hawai. Las Filipinas era un territorio no incorporado de Estados Unidos, y en 1935 el Congreso decidió que les permitiría independizarse

Los filipinos siguen siendo un grupo grande de inmigrantes en Estados Unidos. Desde 1979, emigran anualmente a Estados Unidos más de 40,000 filipinos.

en los próximos diez años. Anteriormente, más de 55,000 filipinos habían entrado a Estados Unidos, pero ahora se habían cerrado las puertas. Se les permitía la entrada solo a 50 por año.

Debido a la discriminación contra la gente de piel oscura, los filipinos podían encontrar empleo solamente en la agricultura y con sueldos muy bajos. La mayoría de estos inmigrantes eran hombres sin familia. Como extranjeros, eran inelegibles para subsidio cuando no había trabajo. Se establecieron en áreas de Los Ángeles y Stockton, muy aislados y sin vida familiar. En 1948, después de que se derogó la ley que prohibía los matrimonios interraciales, se empezaron a casar y a tener familias.

La inmigración desde el sur también aumentó a fines del siglo XIX. El ferrocarril había llegado a Nuevo México en 1879 y a Arizona en 1880, trayendo oportunidades de empleo. Inmigrantes mexicanos empezaron a cruzar la frontera, legalmente y también sin permiso, para trabajar en los ranchos y las granjas, en las minas y en la construcción de ferrocarriles.

Texas, Nuevo México, Arizona, Nevada, Utah, California, Colorado y Wyoming fueron alguna vez parte de la República Mexicana.

Trabajadores mexicanos llegaron a Estados Unidos a trabajar en las granjas. Hoy en día, vienen a Estados Unidos más inmigrantes de México que de cualquier otro país.

La inmigración mexicana aumentó aún más rápidamente a principios del siglo XX. Llegaron casi 50,000 personas entre 1900 a 1910 y como 219,000 durante los siguientes 10 años. Cuando se promulgó el Acta de Inmigración de 1924, que limitaba la inmigración asiática, se abrieron nuevas oportunidades para los mexicanos.

Debido a una crisis económica en Cuba en la década de 1880, miles de cubanos vinieron a Estados Unidos. Algunos se fueron a Nueva York, pero la mayoría se estableció en Florida. Los puros cubanos eran muy populares y, en 1886, los cubanos establecieron la primera fábrica de puros en Florida. En solo 10 años se construyeron más de 100 fábricas de puros en los alrededores.

Capítulo 6:
LOS INMIGRANTES CAMBIARON ESTADOS UNIDOS

A pesar de que Estados Unidos tiene la reputación de ser un "crisol de culturas" y "una nación de inmigrantes", los estadounidenses generalmente han sido hostiles hacia la inmigración. Los diversos grupos no han formado un crisol de culturas. Sin embargo, como resultado de la inmigración, los recién llegados, junto con los estadounidenses actuales, y la propia nación, se han transformado.

A medida que se desarrollaron fábricas para elaborar productos manufacturados en masa, surgió una gran demanda de obreros. Estos trabajos alentaron a millones de personas a abandonar sus granjas y mudarse a las ciudades. En 1790, el 97% de los norteamericanos vivía en poblados de menos de 8,000 personas. Pero tan solo en 10 años, casi la tercera parte de la nación vivía en ciudades de más de 8,000 habitantes, y a través de Estados Unidos había más de 400 de estas ciudades.

La construcción de rascacielos fue un trabajo peligroso para los inmigrantes.

En las ciudades había barrios de extrema pobreza y enfermedades. Los guetos del lado bajo del este de la ciudad de Nueva York estaban atestados. ¡Más de 30,000 personas vivían amontonadas en media docena de cuadras! Casi todos los inmigrantes estaban desesperados por encontrar empleo, y su disposición a trabajar por sueldos bajos fomentó una reacción negativa, "backlash", en su contra. Cuando la nación sufrió una crisis económica entre 1837 y 1840, el sueldo del obrero común bajó de un dólar por día a 75 centavos o menos. Los obreros nacidos en Estados Unidos se opusieron a la **afluencia** de inmigrantes que trabajaban hasta por menos.

La idea de usar a los inmigrantes pobres de **rompehuelgas** era tentadora. Primero llegaron los irlandeses, y no les permitieron unirse a los sindicatos. Al llegar los italianos, ellos fueron los rompehuelgas, y los irlandeses se unieron a los sindicatos. En la década de 1830, se vieron más huelgas y hasta disturbios en las ciudades porque los trabajadores insistían en mejores sueldos y condiciones de trabajo.

TRADICIONES DE RAÍCES EXTRANJERAS

Algunas tradiciones que consideramos norteamericanas, tienen su origen en el extranjero:

Hamburguesas y salchichas – de Alemania

Pizza y espegueti – de Italia

Bagel – de la tradición judía

Tacos y enchiladas – de México

Chop suey y chow mein – inventados por inmigrantes chinos para el gusto americano

ÁNGELES DE LOS BARRIOS BAJOS

Jane Addams (1860–1935)

Dos mujeres establecieron centros de servicios para los inmigrantes en los barrios bajos. Jane Addams fundó Hull House en Chicago en 1889, y Lillian Wald abrió el Henry Street Settlement en Nueva York, en 1895. Allí, a cualquier viuda cuyo marido hubiera muerto en un accidente laboral, se le explicaban sus derechos en contra del patrón. Se le proporcionaba guardería para que pudiera trabajar. Se ofrecían clases de cocina, costura, inglés y de ciudadanía.

Un juez de la Corte Suprema, Louis Brandeis, dijo en 1919 que el inmigrante debía adoptar "la ropa, los modales y las costumbres generalmente predominantes aquí… sustituir su lengua nativa por el idioma inglés", y debía llegar "a una completa armonía con nuestros ideales y aspiraciones, y cooperar con nosotros por su logro". Escuelas, hombres de negocio y líderes políticos trabajaron juntos para que se hiciera realidad. Grupos cívicos como el YMCA organizaron clases para enseñarles inglés a los inmigrantes.

La mayoría de los norteamericanos de hoy son descendientes de inmigrantes que llegaron a Estados Unidos después de 1790. Aún llegan como 900,000 inmigrantes a Estados Unidos cada año, aunque varias organizaciones continúan el cabildeo para restringir extranjeros. Otros 300,000 entran al país ilegalmente. Su mayor razón no ha cambiado: el sueño dorado de la libertad y salir adelante.

El crisol de culturas, antes una imagen popular de cómo se esperaba que los inmigrantes se "mezclaran" con la sociedad, resultó falsa. Aunque los matrimonios mixtos son más comunes que en el siglo XIX, la gente de ahora tiende a "celebrar las diferencias" y considerar la diversidad de culturas como señal de una civilización saludable. Durante más de tres siglos, inmigrantes de todas partes del mundo se han ganado un lugar en la sociedad estadounidense como ciudadanos prósperos y productivos. A pesar de los obstáculos y la presión por formar un modelo universal, muchos de estos grupos también han logrado mantener sus propios valores y su identidad étnica.

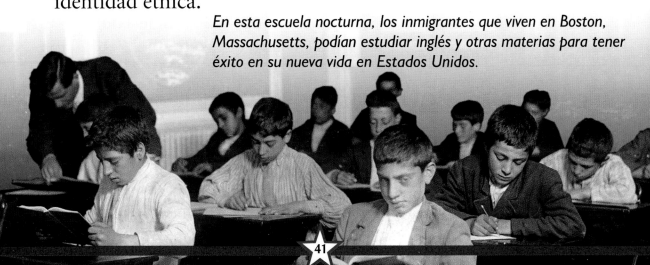

En esta escuela nocturna, los inmigrantes que viven en Boston, Massachusetts, podían estudiar inglés y otras materias para tener éxito en su nueva vida en Estados Unidos.

BIOGRAFÍAS

Muchas personas desempeñaron roles importantes durante este período de tiempo. Aprende más acerca de ellos en esta sección.

Crevecoeur, J. Hector St. John de (1735-1813) - Autor francoamericano que escribió acerca de la vida en el Nuevo Mundo. En 1782 publicó "Cartas de un granjero americano" (*Letters from an American Farmer*).

Brandeis, Louis (1856-1941) - Abogado de Estados Unidos nombrado a la Corte Suprema en 1916. En 1919 declaró que los inmigrantes debían aprender inglés y vivir en armonía con los ideales de su nuevo país.

Sullivan, Louis (1856-1924) - Arquitecto estadounidense; pionero en la construcción de los primeros rascacielos de Chicago.

Roosevelt, Theodore (1858-1919) - 26.°
presidente de Estados Unidos.

Addams, Jane (1860-1935) - Reformadora
social de Estados Unidos y cofundadora de
Hull House en 1889, un centro comunitario
para los pobres de Chicago. En 1931, recibió
el Premio Nobel de la Paz.

Zangwill, Israel (1864-1926) - Escritor
inglés, considerado el fundador de la
literatura anglo-judía moderna. Su
obra teatral, *The Melting Pot* ("Crisol de
culturas") fue, en 1908, el gran éxito de la
temporada de teatro en Nueva York.

Wald, Lillian (1867-1940) - Enfermera
de Nueva York que fundó el Henry Street
Settlement, un centro de servicios para los
inmigrantes pobres en el lado bajo del este
(Lower East Side) de la ciudad de Nueva
York.

LÍNEA CRONOLÓGICA

1619
Colonos holandeses traen a los primeros esclavos africanos a Norteamérica, y los ingleses traen a los primeros inmigrantes africanos libres a Virginia.

1815
Empieza la primera oleada de inmigración.

1875
La primera ley que excluye inmigrantes prohíbe la entrada a Estados Unidos a convictos, prostitutas y trabajadores por contrato chinos.

1882
Se ratifica ley que excluye a los chinos.

1892
Se abre la Isla Ellis.

1921
La ley de cuota establece un límite anual de 358,000 y especifica cuotas según las nacionalidades. Al año, solo puede entrar a Estados Unidos el 3% de cualquier nacionalidad.

1965
La Ley de Inmigración y Naturalización es enmendada, y elimina las cuotas por nacionalidad; establece un límite anual de 170,000 personas del hemisferio oriental y 120,000 del occidental.

1980
El límite anual se reduce a 270,000 y se aprueba un sistema para procesar refugiados por separado.

1990
El límite de inmigración anual se aumenta a 700,000. Después de 1994 se reduce a 675,000.

1790
El primer reglamento de naturalización da a los inmigrantes que quieran hacerse ciudadanos, un período de residencia de dos años.

1820s
Inmigrantes irlandeses empiezan a llegar a Estados Unidos.

1880s
Gran número de judíos del este de Europa e italianos del sur de Italia empiezan a llegar en oleadas.

1891
Se establece la oficina de inmigración. Hoy en día es el *United States Inmigration and Naturalization Services.*

1900-1910
Década de mayor inmigración a los Estados Unidos.

1952
La Ley de Inmigración y Naturalización combina las leyes de inmigración y naturalización anteriores.

1978
Un nuevo límite de 290,000 reemplaza a los límites separados de los dos hemisferios.

1986
El acta de Control y Reforma de la Inmigración aumenta el límite anual a 540,000.

Inmigración a Estados Unidos, 1820-1970

Aprende dónde se establecieron los inmigrantes después de su valiente travesía hacia Estados Unidos.

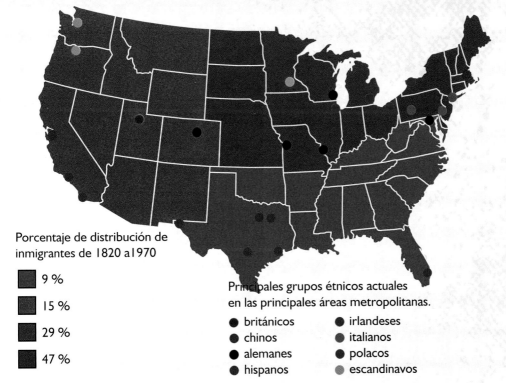

Porcentaje de distribución de inmigrantes de 1820 a 1970

- 9 %
- 15 %
- 29 %
- 47 %

Principales grupos étnicos actuales en las principales áreas metropolitanas.

- británicos
- chinos
- alemanes
- hispanos
- irlandeses
- italianos
- polacos
- escandinavos

Inmigrantes de Estados Unidos

Esta gráfica muestra, por décadas, el número total de inmigrantes legales que llegaron a Estados Unidos.

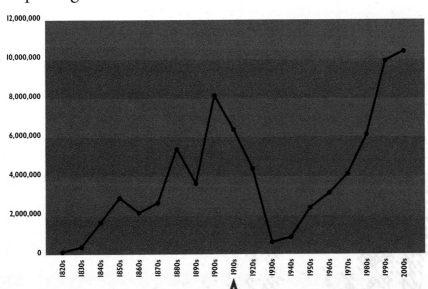

SITIOS EN LA INTERNET

www.besthistorysites.net › American History

teacher.scholastic.com/activities/immigration/index.htm

ethemes.missouri.edu/themes/257

DEMUESTRA LO QUE SABES

1. ¿Cuántos inmigrantes pasaron por la Isla Ellis?

2. Menciona algunos inmigrantes famosos que llegaron a Estados Unidos.

3. ¿Por qué a Estados Unidos lo llamaban "crisol de culturas"?

4. ¿Fue fácil para los inmigrantes encontrar trabajo en Estados Unidos?

5. ¿Cuándo comenzó la primera gran ola de inmigración?

GLOSARIO

afluencia: movimiento regular hacia adentro, como de personas

antisemitismo: hostilidad hacia los judíos como grupo religioso o étnico

asilo de pobres: establecimiento para albergar a los pobres y que se mantiene con fondos públicos

crisis económica: período de baja actividad económica y de un alto índice de desempleo

estafadores: personas que defraudan dinero o propiedad a alguien

granjeros arrendatarios: granjeros que trabajan en tierras de otra persona y le pagan una renta en forma de dinero o una cuota de la cosecha

homogéneo(a): composición uniforme, igual en todas partes

Isla Ellis: *(Ellis Island)* isla en Nueva que fue el principal centro de inmigración de Estados Unidos desde 1892 hasta que fue abandonada, en 1954

matrimonio mixto: matrimonio entre miembros de diferentes grupos

misioneros: persona que emprende una misión, especialmente una misión religiosa

poder: autoridad de actuar por, o en el lugar de otro

rompehuelgas: persona que se contrata para reemplazar a una que está en huelga

sirviente atado por contrato: persona que se compromete con otra a trabajarle por cierto período de tiempo a cambio de los gastos de un viaje, alojamiento y alimentación

tracoma: enfermedad bacteriana de las membranas mucosas del ojo, que puede resultar en la ceguera si no es tratada

ÍNDICE